VENTE

du Mardi 30 Octobre 1906.

HOTEL DROUOT, SALLE N° 8

LITHOGRAPHIES

Eaux-Fortes originales

GRAVURES EN COULEURS, FUMÉS

PORTRAITS, VUES, VIGNETTES

Adresses, Cartes de Visites, Menus, Programmes

AFFICHES, CARICATURES

DESSINS

OCTOBRE 1906

Commissaire-Priseur :

Mᵉ MAURICE DELESTRE

Expert :

M. PAUL ROBLIN

CATALOGUE

DE

LITHOGRAPHIES

Eaux-Fortes originales

GRAVURES EN COULEURS, FUMÉS

PAR

CHAHINE, CHARLET, COROT, DAUMIER, DELACROIX, DEVÉRIA, FANTIN-LATOUR, GAVARNI, HERVIER, P. HUET, E. ISABEY, RAFFET, ROBBE, etc., etc.

PORTRAITS, VUES, VIGNETTES

Adresses, Cartes de Visites, Menus, Programmes

AFFICHES, CARICATURES

DESSINS

Dont la Vente aux enchères publiques aura lieu

HOTEL DES COMMISSAIRES-PRISEURS, Rue Drouot, N° 9

Salle N° 3

Le Mardi 30 Octobre 1906

à deux heures.

Par le Ministère de **Mᵉ Maurice DELESTRE**, Commissaire-Priseur,
5, Rue Saint-Georges, 5

Assisté de **M. Paul ROBLIN**, Marchand d'Estampes,
65, Rue Saint-Lazare, 65

PARIS 1906

CONDITIONS DE LA VENTE

Elle sera faite au comptant.

Les adjudicataires paieront *Dix pour cent* en sus des enchères.

L'Expert se réserve la faculté de diviser ou de rassembler les lots et remplira, aux conditions d'usage, les Commissions que voudraient lui confier les Amateurs.

DÉSIGNATION

LITHOGRAPHIES

Eaux-Fortes Modernes

ADELINE (Jules)

1. Le Vieux Rouen. Exposition de 1896. Lithographie in-fol., forme éventail. Deux épreuves dont une sur papier du Japon avec dédicace.

2. Menus. — Cartes de visites. — Titres. Treize pièces. Très belles épreuves.

ADRESSES, MENUS, INVITATIONS

3. Adresse de Michelin, graveur, 32, rue Madame ; petite eau-forte. Belle épreuve.

4. Titres illustrés pour librairie. Programmes. Adresses. Billets d'entrées. Quarante-sept pièces en noir et couleurs, par Castelli, John Lewis Brown, Martial, Morin, Robida, H. Pille, H. Somm, etc.

5. Programmes. — Billets d'entrées, etc. Trente-huit pièces en noir et en couleurs, par A. de Boret, E. Berton, Gérardin, Hugo d'Alési, De Los Rios, de Neuville, Pannier, etc. Plusieurs sont avant la lettre.

ADRESSES, MENUS, INVITATIONS

6. Menus. — Programmes. — Lettres d'invitations. — Allégories et sujets variés. Quarante pièces en noir et en couleurs, par J. Beurdeley, H. Boutet, Dillon, H. Pille, Rœdel, H. Somm et Willette. La plupart sont avant la lettre.

7. Prospectus et Annonces artistiques de Librairie, anglaise et française. Quarante-trois pièces en noir et en couleurs.

8. Lettres de faire-part et d'invitations illustrées. — Programmes, etc. Quatre-vingts pièces.

9. Menus artistiques. — Programmes. — Invitations. Soixante-quatre pièces.

10. Adresses et Annonces de Commerce. — Menus. — Cartes, etc. Soixante-seize pièces en noir et en couleurs.

11. Programmes. — Billets d'entrées. — Cartes, etc. Soixante-dix pièces.

12. Cartes d'adresses de Marchands d'Estampes, Libraires et autres. Quarante-deux pièces.

13. Billets d'entrées. — Programmes. — Menus. — Titres. — Entourages, etc. Quarante-cinq pièces en noir et en couleurs, par Forain, Lepère, De la Pénelais, Rœdel, H. Somm, etc.

14. Programmes illustrés de Concert et de Théâtre. Quatre-vingt-dix pièces, noires et coloriées.

15. Menus. Soixante-huit pièces en noir et en couleurs, par Baschet, E. Delatre, Courboin, Fraipont, Gerbault, Jacquemin, Pastelot, Rœdel, etc. Plusieurs sont avant la lettre.

16. Menus illustrés, par Apoux, Abeillé, Bertrand, Courboin, Moyaux, Poyet, Piguet, Renault et autres. Vingt-cinq pièces.

ADRESSES, MENUS, INVITATIONS

17. Cartes de visites illustrées. Cinquante-sept pièces.

18. Menus illustrés, dessinés et gravés par Anquetin, Grandjean, Grévin, Kaemmerer, Luce, H. Pille, Robida, Rochegrosse, Tauzin, etc. Vingt-cinq pièces

19. Menus. Quatre-vingt-douze pièces en noir et en couleurs. La plupart sont avant la lettre.

20. Adresses. — Programmes. — Frontispices. — Affiches illustrées. Vingt-neuf pièces en noir et en couleurs.

21. Calendriers. — Diplômes. — Adresses. — Prospectus de librairie, etc. Vingt-cinq pièces en noir et en couleurs. Plusieurs sont avant la lettre.

22. Menus. — Diplômes. — Adresses. — Brevets. Trente-trois pièces. La plupart en épreuves d'artiste.

23. Programmes. — Billets d'entrées de concert et de théâtre. — Cartes d'invitations, etc. Cinquante-neuf pièces en noir et en couleurs, par Adeline, Champollion, de Feure, M. Leloir, H. Somm, etc.

AFFICHES ILLUSTRÉES

24. Pour Théâtres et Concerts, Annonces de librairie, Romans et Journaux. Produits commerciaux, Magasins de nouveautés, etc. Quarante-trois pièces de grand format par Chéret.

AMÉRIQUE (Pièces sur l')

25. Francklin. — Lafayette. — Washington. Dix-sept portraits in-8. Plusieurs sont avant la lettre.

ANONYME

26. La Forge. Eau-forte in-fol. en larg. Trois états differents. Epreuves d'artistes.

BALLEROCHE (A.)

27. Rosine. Très belle épreuve.

BELMONT (Sarazin de)

28. Album des Pyrénées. Vues peintes d'après nature et lithographiées. — Le Nivernois. Ensemble vingt-deux lithographies in-4 sur blanc et sur chine.

BERNARD (Valère)

29. Portrait et Types de Bohémiens. Trois pièces signées.

BESNARD (A.)

30. Baigneuses, gr. in-fol., 1894. Belle épreuve.

BEURDELEY (Jacques)

31. Casa di camello. — Petit canal à Venise. Deux eaux-fortes. Très belles épreuves signées.

BODMER (Karl)

32. Le Refuge. — Au Bas Bréau. Deux lithographies in-fol. (H. B. 50). Très belles épreuves.

BONHOMMÉ

33. Dans la mine. Lithog. in-fol., 1854. Belle épreuve.

BONVIN (Fr.)

34. *Le Nain* (Le Peintre). — Croquis de chat, 3 épr. — Miss! Portrait de chien. — Les Instruments de l'eau-forte. Six pièces. Belles épreuves.

BORREL (Marius)

35. Un Pope. Eau-forte in-fol. Belle épreuve d'artiste, avec remarque.

BOUCHOT (François)

36. Portrait d'homme, 1825. Très belle épreuve avant la lettre, rare.

BOURGONNIER (H.)

37. Bébé assis. Lithographie originale sur papier de Chine. (Epreuve n° 3).

BOUVIER (Ch.)

38. Les Huit époques de Napoléon par un peintre d'Histoire. (Steuben). Belle épreuve.

BRACQUEMOND (F.).

39. Faisans. Eau-forte, 1899. Belle épreuve avant la lettre, avec remarques sur parchemin, signée par l'artiste.

40. Vautours. Eau-forte, 1904. Deux épreuves d'artiste dont une non terminée.

BRASCASSAT (R.).

41. Etudes. Suite de six lithographies in-fol. en larg. 1831. Belles épreuves à toutes marges.

BRESBAU (Mlle L.).

42. Sous la lampe, lithographie originale. Epreuve avant la lettre sur papier de Chine volant.

BROWN (John-Lewis)

43. Washington à cheval. In-8. Quatre épreuves.

BUHOT (Félix)

44. La Fête nationale au boulevard de Clichy. 1878 (H. B. 127). Belle épreuve sur papier du Japon.

BURNAND (Eug.).

45. La Lessive. Eau-forte in-4. Belle épreuve avant la lettre.

CALAMATTA

46. Françoise de Rimini, d'après Ary Scheffer. Belle épreuve avant la lettre sur papier de Chine, encadrée.

CARJAT (E.).

47. *Achard*, Acteur du Palais-Royal. Lithogr. in-folio. Six épreuves à toutes marges.

CASANOVA (A.).

48. Agacerie. Eau-forte in-4. Belle épreuve d'artiste.

CATE (Ten)

49. Londres. — Rotterdam. — Jardin abandonné. — La Rue d'Abran à Levallois-Perret. — Schiedam. — etc. Six lithographies originales. Très belles épreuves. Plusieurs sont signées.

CHAHINE (Edgar)

50. *Royes* (Mlle). Eau-forte. Belle épreuve sur papier du Japon.
51. Au Casino. Très belle épreuve tirée et retouchée par l'artiste.
52. Les Deux brunes. Belle épreuve.
53. Les Lutteurs, pivotement sur la tête. Belle épreuve en couleurs.
54. “ Marie ”. Belle épreuve.
55. Les Poids ; Boulevard de Clichy. Belle épreuve.
56. Saint-Ouen, vu des fortifications. Belle épreuve.

CHARLET (T.).

57. Napoléon à Iéna. (De la Combe 10). Très belle épre ve.
58. La Bienvenue. (35 R.). — Le Grenadier de Waterloo (39). Deux pièces. Belles épreuves.

CHARLET (T.)

59. Le Drapeau défendu. (42 R.). — Les Français après la victoire. (43 RR.). Deux pièces. La seconde est imprimée au recto et au verso.

60. Mr Pigeon en grande tenue. (53 R.). — Infanterie légère montant à l'assaut. (66 R.). — Siège et prise de Berg-Op-Zoom. (67 RR.). Trois pièces. Très belles épreuves.

61. Le Menuet. (77 RR.). — Délassement des consignés. (80 RR.). — Vieillard montrant le portrait de Cambronne à des enfants. (81 RRR.). Trois pièces. Très belles épreuves.

62. A moi ! les Anciens. (89 RRR.). — Toi !... oui moi...! (95 RR). — Doucement la mère Michel. (101 R.). Trois pièces. Très belles épreuves.

63. Il m'en reste encore un pour la Patrie. (276). — Je suis innocent ! (291). — Le Tailleur de pierres. (335). 1er Etat avec le drapeau. Trois pièces. Belles épreuves.

64. L'Empereur et le Grenadier. Grande pièce à l'encre, au crayon et au lavis. (405). Très belle épreuve à toutes marges.

65. Costumes militaires. — Armée Française. Treize lithographies.

66. Sujets militaires et Planches d'albums. Onze lithographies.

CHAUVEL (Th.).

67. Chien basset, d'après Decamps. Lithographie in-4. Tirée à cent épreuves. (L.D. 109).

68. La même pièce. Belle épreuve avant la lettre sur papier de Chine.

69. La même pièce, rare épreuve avant toutes lettres.

CORO T (C.).

70. Environs de Rome (H.B. 6). Belle épreuve du 4e Etat.

71. Paysage d'Italie. (H.B. 7). Superbe épreuve du 1er Etat, avant la lettre et *avec les échappements d'eau-forte sur les marges*. En feuille. Rare.

COURBET (Gustave)

72. *Journet* (L'apôtre Jean) partant pour la conquête de l'harmonie universelle. Lithogr. in-4 avec la complainte. Belle épreuve sur papier de Chine. Rare.

COURTRY (Charles)

73. La Femme d'un Bourgmestre. In-4, d'après Th. de Keyser. (H.B. 65). Belle épreuve avant la lettre. Signée.

COUTIL (Léon)

74. Tentation de Saint Antoine. In-4, d'après A. Morot. (H.B. 2). Belle épreuve avant la lettre.

D'ARGENT (Yan)

75. Bailly à la salle du Jeu de Paume. Lithographie originale. Très belle épreuve avant la lettre, sur papier de Chine.

DAUBIGNY (K.)

76. Le Lai des deux Amants. Environs de Rouen (H. 15). Belle épreuve de cette charmante vignette publiée dans la *Pléiade* de Curmer.

77. Paysages et sujets d'animaux. Huit pièces avant la lettre sur papier de Chine.

DAUMIER (H.)

78. Grand défilé de l'Armée qui vient d'être levée pour entreprendre la fameuse expédition de Rome à l'Intérieur. Belle épreuve.

DAUMIER (H.)

79. Mœurs Conjugales. Suite de soixante lithographies in-4. Très belles épreuves coloriées. Collection devenue rare.

79 *bis*. Les Cent et un Robert-Macaire, composés et dessinés par H. Daumier sur les idées et les légendes de Ch. Philipon, réduits et lithographiés par M. M***. Texte par MM. Maurice Alhoy et Louis Huart. *Paris, Aubert*, 1839, 2 vol. in-4, dem.-rel. (Incomplet de la planche et du texte 73).

DECAMPS (par ou d'après)

80. Sujets divers. Douze pièces, eaux-fortes et lithographies. Plusieurs sont avant la lettre.

DELACROIX (Eug.)

81. Le Christ au roseau. Eau-forte (Ad. M. 13). Très belle épreuve du 1er état. *Avant la date et avec des salissures sur le cuivre.*

82. Tigre couché dans le désert. Eau-forte (16). Superbe épreuve du 1er état. *Sans aucune lettre*. Très rare.

83. Etude de femme vue de dos. Eau-forte (20). Très belle épreuve du 1er état. Très rare.

84. Un portrait de Gœthe et dix-sept lithographies in-4 (M. 58. 75). Epreuves sur blanc, en feuilles.

DELATRE

85. Cartouche et entourage. — Feuille de croquis. Trois pièces à l'eau-forte.

DESBOUTINS (M.)

86. Portraits et sujets d'enfants. Sept pièces à l'eau-forte. Belles épreuves avant la lettre.

DESSINS

87. *Andrieux*. Costume d'acteur. Plume et encre de Chine.

88. *Billorel* (C.). Navires. Deux dessins signés.

89. *Traviès*. Singes. Deux dessins à la mine de plomb, un est signé.

DEVÉRIA (Ach.)

90. *Dona Maria*, Reine de Portugal; in-fol. (H. B. 6). Très belle épreuve.

91. *David d'Angers*. Lithogr. in-fol. (H. B. 14). Très belle épreuve sur papier de Chine appliqué.

92. *Henri Herz*, Pianiste. 1832, in-fol. (23). Très belle épreuve sur papier de Chine.

93. *Victor Hugo*. 1829, in-fol. (H. B. 24). Très belle épreuve sur papier de Chine.

94. *Léon Noel*, Lithographe, in-fol. (30). Très belle épreuve.

95. *Clérambault* (Mme de) assise et tenant une enfant debout devant elle. In-4, sans le nom (250). (Mme de Clérambault était née Champagny de Cadore).

96. *Dona Damania*. (Collection de têtes, n° 3). Très belle épreuve sur papier de Chine.

97. Une Soirée musicale. — Le Baiser du matin. — Le Café. — Un Jour avant le mariage. — Un An après le mariage. Cinq lithographies, gr. in-4. Très belles épreuves sur papier de Chine à toutes marges.

98. Les Heures du Jour. Huit lithograph. gr. in-4. Belles épreuves.

99. Juliette. — L'Inquiétude. — Danoise. — Bressanne. — Indiana. — La Captive. — Les Bas, etc. Huit lithographies Belles épreuves.

DEVÉRIA (attribué à)

100. Scène de débauche dans une mansarde. Lithogr. in-4 en larg. Superbe épreuve d'artiste avant toutes lettres sur papier de Chine.

DILLON

101. La Foire au pain d'épice, la place du Trône ; gr. in-fol. Belle épreuve.

DORÉ (Gustave)

102. Lion couché. Eau-forte in-4 en larg. (H. B. 53). Deux épreuves.

DORÉ (d'après G.)

103. Vase de l'exposition de 1878 (H. B. 1). — Pendule. Deux pièces à l'eau-forte par Champollion. Belles épreuves.

EAUX-FORTES MODERNES

104. Dix pièces gravées par ou d'après Bac, Debray, Benjamin Constant, Fortuny, Gaujean, Le Rat, Cabat, Delatre, Barillat, etc. Belles épreuves.

105. Sous ce numéro il sera vendu par lots environ huit cents pièces des publications de Cadart et autres. La plupart avant la lettre.

ÉCOLE MODERNE

106. Eaux-fortes. — Lithographies. — Affiches illustrées, par ou d'après Rœdel, Mordant, Daubigny, Guérard, Stephen, Parrish et autres. Quatorze pièces.

ESTAMPES MODERNES

107. Neuf pièces gd in-fol., par Rochegrosse, Raffaeli, Ogé, Boutet de Monvel, Ducz, M. Leloir, etc. Belles épreuves.

108. Le Vin. — Le Troupeau. — Le Bois. — Le Blé. Suite de quatre pièces grand in-fol. *Images pour l'Ecole.* Epreuves collées sur toile.

FANTIN-LATOUR (H.).

109. Siegfried et les filles du Rhin. (H. 31). 1ère planche. Très belle épreuve du 1er Etat avec dédicace à Agl. Bouvenne. Très rare. (Tirage à 7 ou 8 épreuves).

110. Baigneuses, planche moyenne. (125). Belle épreuve avant la lettre sur papier de Chine. Seul état.

111. La Lecture. (136). Très belle épreuve signée, avec dédicace à G. Hédiard.

FEYEN-PERRIN (A.).

112. Solférino. — Collection de huit eaux-fortes. Neuf pièces.

FLAMENG (François).

113. Angélique, d'après Ingres (H.B.180). — Naissance de Vénus, d'après Cabanel. (191). — L'Odalisque et l'esclave, d'après Ingres. Trois pièces. Très belles épreuves avant la lettre sur papier de Chine.

FRAGONARD, WATTIER

114. Les Quatre Sergents de la Rochelle. — La Lutte. — Le Triomphe. — Les Reproches et la Menace. — L'Infidélité. — La Consolation de l'Amitié. Six lithographies in-4. Belles épreuves.

FRANÇAIS

115. Lithographies d'après Troyon, Corot, Marilhat et autres. Huit pièces, dont une avec remarques. Rares.

FUMÈS

116. Gravures sur bois pour *l'Histoire de la Révolution Française.* Environ cent quatre-vingt-quinze pièces tirées sur papier de Chine volant.

117. Gravures sur bois, d'après Emile Bayard, pour *l'histoire de France.* Environ cent cinquante-huit pièces sur papier de Chine volant.

FUMÉS

118. Gravures sur bois, Vignettes et Portraits, d'après Yan d'Argent, pour *l'Histoire de la Révolution Française*. Environ deux cents pièces sur papier de Chine volant.

119. Gravures sur bois pour l'histoire de *Don Quichotte*. Environ soixante-cinq pièces sur papier de Chine volant.

120. Gravure sur bois pour les *Modes et Costumes du XVIII*e *siècle* et *l'Histoire de la Révolution Française*. Trente-deux pièces sur papier de Chine volant.

121. Gravures sur bois pour les *Voyages de Gulliver*. — *Le Baron de Munkausen*. — etc. Environ trois cents pièces sur papier de Chine volant.

GAILLARD (Ferd.).

122. Vénus. — Mercure. Deux pièces gd in-8, d'après Thorwaldsen. (H. B. 20-21). Très belles épreuves avant la lettre du 2e Etat sur papier de Chine, avec les noms gravés à la pointe.

123. Le Crépuscule, d'après Michel Ange. In-8 en larg. (32). Très belle épreuve du 4e Etat avec les noms à la pointe.

GAUTIER (Lucien)

124. Vues de Paris et de Marseille. Quatre eaux-fortes. Belles épreuves avant la lettre.

GAVARNI

125. Piété filiale. (1678. 1er état). — Une Famille pauvre. (1679. 1er état). Deux pièces. Superbes épreuves sur papier de Chine.

GIGOUX (Jean)

126. Le Paon. (H. B. 18). — Balthazar Peruzzi. — Laure et Pétrarque. — Miss Fanny Kemble. — Derniers moments de Léonard de Vinci. Cinq lithographies. Très belles épreuves sur papier de Chine.

GRASSET (E.)

127. Jeanne d'Arc. Grand in-fol. 1894. Belle épreuve.

GUINIER (H.)

128. Femme de Paimpol et son enfant. Lithographie sur Japon, signée.

H. G.

129. Portrait de Corot. Eau-forte in-8. Quatre épreuves, dont deux avant la lettre.

HÉDOUIN (Edmond)

130. Les Romains de la Décadence, d'après Couture. Belle épreuve avant la lettre.

HENRIQUEL DUPONT

131. *Mirabeau*. In-4, d'après Paul Delaroche. (H. B. 77). Très belle épreuve, avec les noms à la pointe, signée par le peintre avec dédicace.

132. Lord Strafford, d'après Paul Delaroche. (H. B. 61). Très belle épreuve avant la lettre, sur papier de Chine, encadrée.

HERVIER (Adolphe)

133. *Eaux-fortes originales*.

— Bateau de pêche marqué H. 40. Au fond le quai d'un port et un Clocher. 1854. (H. B. 4).

— Rue de village. (64). In-12 en larg. (7).

— Bateau à sec devant des maisons de pêcheurs. In-18 en larg. 47. (9).

— Intérieur de Ferme : Femme examinant un potiron, enfant, etc. In-8 en larg. Rouen, Virginie, 1854. (11). 2 états.

— Scène de Barricade, Juin 1848. In-12. (12). 2 états.

HERVIER (Adolphe)

— Marchande de poissons. 50. In-12. (13).

— Barque de pêche tirée sur le sable, une autre debout à sec sur la droite. In-12 en larg. (14).

— Trois croquis d'une femme tenant un petit enfant. Ces trois croquis sont disposés en sens différents. 1855. In-18. (15).

— Barque de pêche 746 et deux Moulins. In-12 en larg. (16).

— Maison Normande. In-18. (17).

— Paysanne donnant à manger à des poules. In-18. (19).

— Barques de pêche au sec, marquées P O 46. In-32. (22).

— Paysanne debout, occupée à ..... expulser le superflu de la boisson. Paris, 50. (23).

— Vue de Maisons avec deux Moulins. Paris, in-8 en larg. (24).

— Femme fouettant un enfant. Autour, divers croquis, têtes, trois cochons. 54. In-18. (26).

— Paysanne tenant un bâton. Deux croquis. 14 Juin 1847. In-18. (28).

— Maisons et deux Moulins. 1847. In-12 en larg. (30). 2 états.

— Maison Normande. 48. In-18. (31).

— Bateau de pêche longeant le quai d'un port. In-8 en larg. (32).

— Croquis : Femme torchant un enfant. Femme portant un enfant. Trois têtes. 50. In-12 en haut. (33).

— Foire de Village, avec baraques foraines. Coutances, 1848, in-8 en larg. (34).

— Femme lavant dans un baquet. 54. In-12. (35).

— Femme pieds nus, tenant une raie et d'autres poissons. In-18. (36).

— Griffonnis. On y distingue une porte. In-12 en long. (37).

HERVIER (Adolphe)

— Trois croquis : Bateau, Femme tenant deux seaux, Homme en chapeau à larges bords. 1848. In-8 en larg. (38).

— Femme assise, avec un enfant près d'elle à terre, un coq perché sur une table. Rouen, 1845, in-18. (40).

— Croquis : Femme tenant une paire de souliers. Femme les poings sur la hanche, etc. 1860. In-18. (41).

— Marché Normand. Sur l'enseigne d'un magasin à gauche le nom Hervier. 1848. In-12 en larg. (43). 2 états.

— Femme puisant de l'eau dans un abreuvoir ; derrière elle un cochon, fond d'arbres. In-8 en larg. (46).

— Village au bord d'une rivière qui coule à droite, grand ciel nuageux. Eau forte in-8 en larg. (47). 2 états.

— Le même sujet, vernis mou. (47 *bis*). 2 états.

— Intérieur de ferme, avec paysan assis devant une table, près d'une grande cheminée, une scie est accrochée au plafond. In-8 en larg. (48). 2 états.

— Intérieur d'église, avec une femme assise. In-8 en haut. (49). 3 états.

— Bateau de pêche tiré sur la grève, à gauche ; à droite, silhouette, d'autres bateaux avec leurs voiles ; effet de soleil couchant. In-8 en larg. (50). 4 états.

— Deux Bûcherons tirant sur des cordes pour abattre un arbre. 75. In-8 en haut. (51).

— Petit canot à St-Valéry. In-4. (55).

— Une Barque à marée basse. (56).

— Croquis : Vieille femme de profil à droite, tenant un bâton. Etudes de femmes et d'enfants. In-12 en larg. (Non décrit).

HERVIER (Adolphe)

— Barque de pêche devant des maisons ; à l'arrière est accrochée une raie. In-12 en haut. (Non décrit). 2 états.

— Etude d'arbres auprès d'une mare, dans le fond, silhouettes de paysans. In-12 en larg. (Non décrit).

— Paysanne plumant une poule, à ses pieds un enfants assis et un coq auprès d'elle. *Hervier*, 1847. In-12 en haut. (Non décrit).

— Barques de pêche. T. 440, T. 62. In-8 en larg. (Non décrit).

— Cabanes de pêcheurs au bord de la mer, devant un canot. In-12 en larg. (Non décrit). 2 états.

— Barque de pêche et deux canots amarrées devant des habitations normandes. In-12 en haut. (Non décrit).

— Canot à sec devant des habitations à gauche, avec église. In-12 en larg. (Non décrit).

— Embarcation à sec devant des maisons à droite ; au milieu, cheval blanc de profil et clocher. In-12 en larg. (Non décrit). 2 états.

— Marines. Deux lithographies.

Ensemble, soixante-trois pièces. Réunion de la plus grande rareté.

134. Planches doubles, des Nos 12, 17, 30, 43, 46, 47, 47 *bis*, 48, 49, 50, 51. Vingt-une pièces. (Quelques doubles).

135 Six Eaux-fortes, par Hervier. *Imp. Ch. Delatre*, 1875. (H. B. 46-51). Avec la couverture de publication.

HUET (Paul).

136. La Maison du Garde (3). — Les deux Chaumières (4). Deux eaux-fortes. Très belles épreuves, avant la lettre, sur papier de Chine.

HUET (Paul)

137. Le Héron (H. B. 59). — L'Inondation (60). — La Maison du Garde (61) — Un Pont en Auvergne (64). — Les Sources de Royat (65). Cinq eaux-fortes. Belles épreuves sur papier de Chine.

138. Les Sources de Royat. Gr. in-fol. 1838. Eau-forte (65). Très belle épreuve, avant la lettre, sur papier de Chine, grandes marges.

INGRES (d'après).

139. *David d'Angers*. Lithographie in-4, par E. Marc. Très belle épreuve sur papier de Chine, signée avec dédicace.

ISABEY (d'après J.-B)

140. Portrait du peintre *Barbier Walbonne*. In-4 par Aubertin. Très belle épreuve avant toutes lettres, marges.

ISABEY (Eugène)

141. Titre. — Retour au port. — Vue de Rouen. — Vue de Caen. — Environs de Dieppe. — Souvenirs de Bretagne, 2 p. différentes. — Marée basse. — Radoub d'une barque à marée basse. Neuf lithographies. Très belles épreuves sur papier de Chine.

142. Environs de Dieppe. — Radoub d'une barque à marée basse. — L'Alchimiste. — Souvenir de St-Valery-sur-Somme. — Tourmente. — Eglise Saint-Jean à Thiers. — Normandie. Sept lithographies.

143. Le Retour des Pêcheurs. Effet de lune. Rare épreuve avant toutes lettres.

ISABEY (d'après Eug)

144. L'Ecu de France. Lithogr. in-fol. par Mouilleron. Belle épreuve.

JACQUE (Ch.)

145. Collection d'eaux-fortes publiées en 1864. Vingt-deux pièces (Guiffrey, 177-200). Très belles épreuves avant la lettre, ou en épreuves d'essai.

146. Le Printemps (179). 2 ép. — Le Repos (180). — Le Labourage (182). — L'Eté (185). 2 épr. — Petits, Petits !! (187). — Pifferaris (190). — La Rentrée (191). — Le Chemin de Halage (200). Dix pièces. Très belles épreuves d'artiste ou avec remarques.

147. Collection d'eaux-fortes publiées en 1865. Vingt-deux pièces (202-225). Très belles épreuves avant la lettre ou en épreuves d'essai.

148. Pêche au gardon (203). — L'Equipage (205). — Un Verger (206). 2 épr. — Une Cour à Paris en 1865 (207). — La Maréchalerie (208).— Chaumières Bourguignonnes (212). — Jeune femme au bain (215). — L'Hiver (218). — La Bergère (224). Dix pièces. Très belles épreuves d'artistes ou avec remarques.

149. Troupeau de vaches (159). — Portrait de M. Luquet (229). — Le Buisson Kereassier (234). 2 épr.— Ousse. Paysage (240).—Troupeau de moutons. Six pièces. Belles épreuves d'artiste ou avant la lettre.

150. Eaux-fortes et pointes-sèches. — Vignettes pour la *Pléiade* de Curmer. — Sujets divers, etc. Cinquante pièces. La plupart sur papier de Chine.

151. Eaux-fortes. — Pointes-sèches et lithographies. Quarante-huit pièces.

152. Essais et croquis. — Eaux-fortes et pointes-sèches. Quarante-sept pièces. Belles épreuves.

JACQUEMART (J.)

153. Le Défilé de Nancy, d'après Meissonier. Eau-forte in-4 en larg. (H. B. 312). Belle épreuve avant la lettre.

JACQUET (J.)

154. A la mémoire de H. Regnault, d'après Chapu. Epreuve avant la lettre sur papier de Chine, encadrée.

JACQUIN (Arthur)

155. Sur la Côte Normande. Eau-forte originale.

JAZINSKI (Félix)

156. *Vittoria Colonna*; in-4, d'après Jules Lefèvre (H. B. 11) Belle épreuve du 1er état, signée.

JEANRON (André)

157. Etudes d'Animaux. Trois pièces à l'eau-forte. Belles épreuves.

JONGKIND

158. Entrée du port de Honfleur. (H. B. 12). Belle épreuve.

LAGUILLERMIE

159. L'Etat-Major Autrichien devant le corps de Marceau, d'après J. P. Laurens. (H. B. 13). Belle épreuve avant la lettre sur papier du Japon, encadrée.

LALAISSE (Hyp.)

160. Recueil de soixante-quinze Croquis de costumes. Etudes de chevaux et de paysages. Dessins à la mine de plomb et quelques-uns réhaussés d'aquarelle. Réunis en un album in-4 obl., dem.-rel. mar. grenat, av. coins.

161. Types militaires. Recueil de cinquante-huit planches in-fol., coloriées, dem.-rel. chagr. bl.

LAMI (d'après Eugène)

162. Revue de la Garde Nationale, 28 Juillet 1835, par Girardet. Belle épreuve sur papier de Chine à toutes marges.

LANÇON (A.).

163. Lion du Cap. Eau-forte. Belle épreuve avant la lettre.

LAURENS (Jean-Paul)

164. *Victoire Franchart* (au lit de mort). Eau-forte in-4. (H. B. 3). Belle épreuve avant la lettre.

LÉANDRE (C.).

165. Entre Mars et Eros. — Pierrot pendu. Deux lithographies originales, sur Chine et sur Japon.

LEGRAND (Louis)

166. La Grand'Mère. Epreuve de remarque sur papier du Japon. Signée.

LEHMANN (Henry)

167. *David d'Angers*. Lithographie in-4. Superbe épreuve avant la lettre et à toutes marges.

LEMUD (Aimé de)

168. Le Café. — Le Vin, 1840. (H. B. 20-21). Deux pièces faisant pendants. Belles épreuves sur papier de Chine.

LITHOGRAPHIES

169. Portrait de Jeune Femme assise. Très belle épreuve avant toutes lettres sur papier de Chine.

170. Titres de Romances. — Portraits d'Actrices. — Vignettes Romantiques. — Sujets Variés. Quarante-trois pièces par Devéria, Alophe, Ch. Jacque, J. David, Telory, Géricault, C. Nanteuil, etc. La plupart avant la lettre sur papier de Chine.

LITHOGRAPHIES

171. Sujets variés, par ou d'après Ingres, Girodet Trioson, Bodmer, Decamps, Prudhon, etc. Onze lithographies in-fol.

172. Sujets variés, par ou d'après Decamps, Brascassat, Bonington, etc. Sept pièces. Très belles épreuves sur papier de Chine.

173. Sujets divers, par Giraud, Gudin, Harding, N. Fielding, J. Dupré, Decamps, etc. Trente-deux pièces. Belles épreuves.

LUNOIS (Alex.).

174. Sur la Jetée. Gd in-fol. Deux épreuves.

175. Le Vin, d'après Lhermite. Très belle épreuve sur papier de Chine.

MADOU

176. Le Dîner dans le Parc. Lithogr. in-fol. 1837. Très belle épreuve.

MASSARD (L.), MORDANT

177. *Mame* (Alfred). — *Bonaffé*. — *Préault*. — *H. Regnault*. — *Fromentin*. — *L. Cogniet*. — *Daubigny*. Sept portraits avant la lettre.

MONNIER (Henry)

178. Titre avec vignette pour les Grisettes. — Les Grisettes. — Chansons de Béranger, etc. Un dessin. Ensemble huit pièces coloriées.

179. Portrait de l'artiste, par Gavarni. 2 épr. — Jadis et aujourd'hui. — Scènes populaires. Sujets divers et portraits. Quarante pièces en noir.

MORGHEN (Raph.)

180. La Cène, d'après Léonard de Vinci. Rare épreuve à l'eau-forte pure. (Déchirures dans les marges).

MOUILLERON

181. Incendie d'un quartier juif. — André Vésale. — Auto-da-fé. — Le Bourgmestre Six chez Rambrandt. Quatre lithographies in-fol. Belles épreuves.

NANTEUIL (Célestin)

182. Frontispices et figures in-4 pour la *Bible*. Quarante-neuf lithographies in-4. Belles épreuves sur papier de Chine, montées gr. in-4.

NAPOLÉON (Pièces sur)

183. Portraits de Napoléon et de la Famille Impériale. Soixante pièces in-12 et in-8. Plusieurs sont avant la lettre sur papier de Chine.

184. Portraits de Napoléon et de la Famille Impériale. Quarante gravures sur bois et sur acier. La plupart avant la lettre.

OUDART (Félix)

185. Calendrier pour 1881. Belle épreuve avant la lettre, signée.

PENNAL (To)

186. St Paul's Waarf, 1884. Eau-forte in-4. Très belle épreuve.

PÉQUÉGNOT

187. La Bièvre près des Gobelins. Paris, 1853. Eau-forte in-4. Belle épreuve.

188. La Bièvre derrière les Gobelins. Eau-forte in-4. Très belle épreuve.

189. Le Moulin des prés avec la Bièvre. Eau-forte in-4. Très belle épreuve du 1er état.

PERNOT (F. A.)

190. Inspirations d'après les poésies de M. A. de Lamartine. Titre et douze lithographies in-4 en larg. par Champier. Avec la couverture de publication.

PERRIN (Ferd.)

191. Episodes de la guerre d'Italie. Quatorze lithogr. en larg., coloriées.

POLLET (Florence)

192. *Sax*, in-8. — Arabe couché sur un divan avec le nom F. Solar, d'après Bida. — Vignette pour Walter Scott, d'après Raffet. Trois pièces avant la lettre.

PORTRAITS

193. Clergé : Papes, Cardinaux, Evêques, etc. Trente-deux gravures et lithographies. Pusieurs sont avant la lettre.

194. Femmes Célèbres. Dix-neuf Lithographies in-8 et in-4, par Devéria, Llanta, Maurin et autres. Belles épreuves, plusieurs sont sur papier de Chine.

195. Littérateurs, Artistes et personnages politiques. Vingt-trois pièces in-8, la plupart avant la lettre.

196. Littérateurs et Personnages politiques. Vingt lithographies in-8 et in-4. La plupart sur papier de Chine.

197. Médecins célèbres. Vingt-six portraits in-8. Lithographies de Llanta. Belles épreuves sur papier de Chine.

198. Personnages illustres. — Littérateurs. — Généraux. — Représentants. — Médecins. — etc. Cent pièces in-8 et in-4, la plupart sur papier de Chine.

199. Vignettes et Portraits des principaux personnages de la Révolution Française. Quarante-deux pièces in-8, tirées sur papier de Chine in-4.

RAFFET (Aug.).

200. Feuille de croquis. Eau-forte in-4 (H. G. II). Belle épreuve. (Collection Giacomelli).

201. Le Drapeau du 17e Léger (83). Très belle épreuve tirée sur Chine court, rare de cette qualité.

202. Le Réveil, 1848 (85). Très belle épreuve du 2e Etat *avec le titre en petits caractères, et avec les vers* sur papier de Chine court et à toutes marges.

203. Marche d'une Division (352). — Vive la République (357). — C'est un Polonais (361). — Charge de Hussards Républicains (374). Quatre pièces. Très belles épreuves.

204. 1813 (365). — Baisez papa à pincettes (367). — Fidèle comme un Polonais (371). — Charge de Hussards républicains (374). — Prise du fort Mulgrave (378). — Le Bouillon du Passage (380). — Plus de Patrie !.. (382). — Le Portrait (383). — Ah ! c'te balle !! (384). Neuf pièces. Belles épreuves.

205. Il est défendu de fumer (385). — Dernière Charge des lanciers rouges à Waterloo (388). — Vive l'Empereur (389). Trois pièces. Très belles épreuves avec marges.

206. Il est défendu de fumer (385). — Plus de Patrie (382). — Pauvres Enfants !! (387). — Dernière Charge des lanciers rouges à Waterloo (388). — 13 Vendémiaire (391). — Abordez l'ennemi franchement, à la baïonnette (396). — Carré enfoncé. (399). — Bonaparte (400). — Conquête de la Hollande (402). Neuf pièces. Très belles épreuves.

207. Le Dessert (421). — Nous Civiliserons ces Gaillards-là... (422). — Bonjour, mon neveu (426). — Le Guide (428). Quatre pièces. Très belles épreuves sur papier de Chine.

208. La Revue Nocturne (429). Très belle épreuve tirée sur papier de Chine court et à toutes marges.

RAFFET (Aug.)

209. 1813. — Le Testament de Pigault Lebrun. — Arméniens et Tatars dans un café. — Recrues Turques. Quatre pièces. Belles épreuves.

210. Expédition et Siège de Rome. Suite de trente-six lithographies in-fol. (557 à 593). Très belles épreuves sur papier de Chine.

211. Les Voyageurs à bord du François 1er (594). Titre inédit 1er état RR. Très belle épreuve sur papier de Chine, à toutes marges.

212. La Jok, danse Valaque (604). Très belle épreuve sur papier de Chine, in-fol. (Tirage à quelques épreuves).

213. Voyage en Crimée, en Valachie et dans la Russie méridionale. Seize pièces. Belles épreuves sur papier de Chine.

RAFFET (d'après Aug.)

214. Suite de 20 planches in-4 pour Napoléon et la Garde impériale. Belles épreuves avant la lettre, marges in-fol.

215. Suite de quarante portraits in-8 pour l'*Histoire des Girondins* de Lamartine. Epreuves sur papier de Chine.

216. Quarante-trois vignettes in-12 pour l'*Histoire de la Révolution française*. Epreuves avant et avec la lettre sur papier de Chine, marges gr. in-8.

217. Vignettes et Portraits pour le Consulat et l'Empire, *Edition Furne*. Soixante pièces in-8, sur pap. de Chine gr. in-8

218. Vignettes in-12 pour l'*Histoire de la Révolution française* Dix-sept pièces, épreuves d'artiste.

219. Vignettes pour l'*Histoire de la Révolution française*, Edition Furne. Quarante-cinq pièces. Belles épreuves, la plupart avant la lettre ou à l'eau-forte pure.

RAJON (Paul)

220. Le Muezzin (H. B. 2). — Corps de garde d'Arnautes au Caire (3). Deux pièces d'après Gérome. Belles épreuves d'artistes.

221. Lecture de la Bible d'après Brion (17). — L'Enfant bleu d'après Gainsborough (102). Deux pièces. Belles épreuves d'artiste.

RÉVOLUTION FRANÇAISE

222. Portraits et Vignettes pour l'*Histoire de la Révolution française*, de M. Thiers. Edition Furne. Belles épreuves sur papier de Chine in-4.

223. Réunion de quarante-neuf Vignettes in-8, tirées de diverses publications. Belles épreuves, la plupart avant la lettre ou en épreuves d'artistes.

RIBOT (Th.)

224. Cuisiniers. — Nature morte et sujets divers. Six pièces à l'eau-forte. Belles épreuves, la plupart avant la lettre.

225. Portrait de femme, profil à droite. Eau-forte in-8. Belle épreuve avant toutes lettres.

RICHOMME

226. Triomphe de Galatée, d'après Raphaël. Belle épreuve du 1er tirage avec le cachet, encadrée.

ROBBE (Manuel).

227. L'Album d'images. Gravure en couleurs. Très belle épreuve.

ROMILLY (d'après Mlle de).

228. *Bassano* (Le Duc de). Lithographie in-4, par Mme de Bruyère et Denon. Très belle épreuve.

ROPS (Félicien).

229. La Fileuse, d'après Millet. Belle épreuve sur papier du Japon.

230. L'Olivierade, Monaco. 76. Belle épreuve sur papier de Chine.

ROUX-CHAMPION

231. L'Abside de Notre-Dame. Gravure en couleurs.

ROUSSEAU (Théodore).

232. Chênes de roche. Eau-forte in-8. (H. B. 4). Très belle épreuve avant la lettre sur papier de Chine. Seulement le nom de l'artiste et la date tracés à la pointe.

SAINT-ÈVRE (Gillot).

233. Le Fauconnier. (H. B. 3). — Gentilhomme Louis XIII tenant une Dame par la main. 1829. (Non décrit). Deux pièces. Très belles épreuves ; la seconde est avant toutes lettres.

SHAW MAC LONGHLAN (A.)

234. Vues de Paris. Huit eaux-fortes originales. Belles épreuves.

STEINLEIN (Alex.)

235. Les Coqs. Grand in-fol. Belle épreuve.

TEYSSONNIÈRES

236. Cartes de Visites. — Vignettes. — Frontispices. Vingt-cinq pièces à l'eau-forte. Belles épreuves. Plusieurs sont signées.

TISSOT

237. L'Enfant Prodigue. Suite de quatre pièces in-fol. en larg. (H. B. 49-52). Très belles épreuves d'artiste signées et avec le cachet, dans le même cadre.

TOUSSAINT (N.)

238. Le Gros Horloge à Rouen, 1880. Deux eaux-fortes. Belles épreuves avant la lettre.

VERNET (H.)

239. Hussard embrassant une Servante. In-fol. en larg. *Chez Lasteyrie*. Très belle épreuve.

VERNET (H.), BELLANGÉ, GÉRICAULT

240. El Général Quiroga. — Scènes militaires, Chevaux, etc. Neuf lithographies.

VIGNETTES

241. *Lafontaine* (J. de). Suite de un portrait par Hopwood, et douze figures in-8 d'après Tony Johannot, pour les Œuvres, Edition Furne, 1835. Belles épreuves avant la lettre, sur papier de Chine in-4, dans la couverture de publication.

VIGNON (Victor)

242. Vache paissant. — Tournant de route. Deux eaux fortes originales.

VOLLON (Ant.)

243. Moulin et Vue de Montmartre. Deux eaux-fortes sur la même feuille. Deux épreuves.

WALTNER (Ch. A.)

244. Le Vase de Chine. In-4, d'après Fortuny. (H. B. 48). Belle épreuve avant la lettre.

245. Le Christ devant Pilate, d'après Munkacsy. Gr. in-fol. en larg. 1882 (H. B. 103). Très belle épreuve d'artiste, avant la lettre et avec dédicace, encadrée.

WHISLER

246. Fulham of the thames. Très belle épreuve sur papier de Hollande.

WILLETTE (A.)

247. Retraite de Russie — Vélocipédiste et l'Amour. Deux pièces gr. in-fol. Belles épreuves.

WORMS (Jules)

248. Muletier Espagnol. Eau-forte in-4. Belle épreuve avant la lettre, signée.

GRANDE IMPRIMERIE DU CENTRE. — HERBIN, MONTLUÇON

www.ingramcontent.com/pod-product-compliance
Ingram Content Group UK Ltd.
Pitfield, Milton Keynes, MK11 3LW, UK
UKHW020517180726
13839UKWH00005B/2136

9 782329 551852